# 사랑의 꽃

사랑의 꽃

2026년 02월 23일 초판 발행

지은이 | 강인철
발행인 | 박찬우
편집인 | 우 현
펴낸곳 | 파랑새미디어

등록번호 | 제313-2006-000085호
서울특별시 마포구 서교동 357-1 서교프라자 318
전화 | 02-333-8311
팩스 | 02-333-8326
메일 | adam3838@naver.com
가격 13,000원

ISBN 979-11-5721-218-7 03810

# 사랑의 꽃

강인철 시집

## 작가의 말

시는 위로였고 기쁨이었습니다.

시를 쓰며 세상 속에서 남모를 메아리를 알았고 감사함을 알았습니다.

수년간 담아왔던 마음속의 그리움은 서툴렀지만, 소망을 간직한 채 시를 쓰고자 했습니다.

때로 힘들었던 고난 속에서도 시를 쓰는 일은 내면을 드러내는 일이었기에 부끄러웠습니다.

하지만 그 속에서 배움이었고 용기였고 누군가 영혼을 위로해 주는 녹인 시이기도 했기에 행복이었습니다.

시는 마음의 양식이고 아름다우므로 한 편의 글로 작은 행복을 주는 영혼의 향기이고 싶습니다.

새로운 희망을 바라보며

병오년 1월 아침에

강 인 철

목차

## 제3부, 추어탕집에서



## 제4부, 바다로 가는 길

## 제5부, 사랑의 꽃

1부

# 은행나무에게

# 기다림

겨울이 오는 길
날씨가 포근한 탓에
비는 내렸다

사계절 중에
어김없이 한 번도 실수하지 않고
하늘에서 뿌려주는 빗방울
나는 누군가 기다리며
소리 없는 기도로 홀로 서 있다

이제 서서히 바람이 불고
눈이 오겠지
끝없이 펼쳐진 겨울 들판
논길을 뚜벅뚜벅 걸으며
긴 외투를 입은 채
몸을 떠난 그리움 하나
가만히 부른다

논둑을 바라보며 너를 기다린다

혹독한 기다림 끝에 숨겨진
계절의 다가올 몸부림
가슴이 뛴다

살아있는 봄이 오면 오겠지
아쉬운 기다림이 또다시
시작이다

모든 것은 흐르고
모오든 것은 희망을 향하여
흐른다

# 돌탑

운동장에서 하염없이 돌탑을 쌓는다
모든 원망과 후회를
잊으려 돌탑을 쌓는다
이마에 땀방울이 맺힐 때
지난날 내가 꿈꿔 왔던 모든 일들이
하나씩 떠오른다
이런저런 내 삶에 노력도 있었지
내 삶에 아쉬움도 있었다

돌탑을 쌓는다
엄마가 아들을 바라보는 마음처럼
나도 이제는
어머니의 정성 어린 마음 헤아리며
모든 아쉬움 내려놓고
하고 싶은 일 하면서
다시 새롭게 새롭게
올바르게 행복을 쌓고
어울릴 만한 그곳에 가고 싶다

## 김제 지평선 대표 축제

김제 월촌면 장화리 사이 널찍한 길을 자동차로 달립니다
길 양쪽 가로수 코스모스 길
코스모스 꽃이 활짝 피어 방글방글 반겨주고
산들산들 부는 바람 웃어줍니다
정말로 행복합니다
정말로 황홀합니다
넉넉한 그리움으로
수많은 사람을 반겨주는 쌍룡 횃불 놀이
하늘과 땅이 만나는
김제 지평선 대표 축제

이곳에 오면
그 풋풋한 어린 날 추억이
구심살 없는 동심으로 다가오고
푸르름의 향기가 나를 설레게 만듭니다

아— 황금빛 들판의 찬란한 이슬이
생명의 가슴임을…
아— 사백 리 코스모스 길이
내 어릴 적 아가의 눈빛임을 느껴 봅니다

# 그리운 강가에서

김제 원평천을 지나
봉남으로 이어지는 길을 걸었다

가도 가도 끝이 없는 길
강물 사이로
금빛 모래가 속살을 드러내며 웃어 주었다.

유년 시절 나는 그 강가에서
그물에 송사리도 잡고
붕어 우렁도 한아름 잡아서
시골집에 가면 연기가 피어오르고
어머니의 구수한 된장국 냄새는
세상에 정말 맛난 음식이었다.
그리고 운 좋은 날이면 비단조개도
찰흙 속에 캘 수 있었다

그리운 강가에서
걷다 보면 갈대가 춤을 추고
엉겅퀴가 박자를 맞추고 있다.

내 그리운 강가에는
아직도 꽃은 지지 않고
그곳에 서 있으면
발걸음 가볍고
나의 영혼이 사뿐사뿐
눈을 뜨게 하고 있다.

# 어머니의 지팡이

어머니가 10년 동안
가지고 다녔던 나무 지팡이
구둣주걱처럼
흔들거렸습니다

시장통에 갈 때도
보건소에 갈 때도
굽은 허리만큼
평생을 첩첩으로 살아오셨던 어머님

처음
우체국서 주문해 배달하러 오던 날
울 엄마 비싸다며
너무 비싸다며
조용히 내 얼굴을 바라보면서
두 손을 잡으셨습니다

어머니가 10년 동안
가지고 다니는 지팡이는

이제 든든한 씨앗이 되고
나를 포근하게 만듭니다

그 고마움
그 설렘이
생생한 사진으로 남아
가식 없는 등불을 밝히는
든든한 출발로 살아주길
오래오래 그림에 담고 싶습니다.

# 콩 타작

청명한 가을 하늘이 반기고
벼가 누렇게 익어 가는 날
넓고 넓은 밭에 가
콩 타작하였습니다

한 시간 콩 타작하면서
울 엄마 이마에 빼곡히 주름진 얼굴 바라보니
마음이 저려 옵니다
절절히 살아온 세월 앞에 정겨운 큰 손길

서로 맞대어 성심껏
콩 타작을 소리 내어  두드리니
노란 검은콩 알알이 떨어지는 건
어머님의 한 해 땀방울
태산보다 높고 넓으신 울 어머니
고맙습니다
사랑합니다

# 자식 꽃

꽃 중에 꽃은 뭐니 뭐니 해도
자식 꽃이다
부모에게 자식은 영원히 시들지 않는 꽃

오늘도 매일같이 자식 바라보는
어버이 애절하고 지극한 마음
지상에 그 어느 꽃보다
귀하고 아름다워요

사랑으로 바른 길 인도해 주는
아버지는 땅
어머니는 물이로다

아직도 제일 짓기 힘든 것이
자식 농사이라지만
나는 씨앗이 되어
더 소중히 귀하게
열매 맺어 꿋꿋이
앞으로 나아가야지

# 지우개로 지우며

오랜만에
핸드폰 저장된 전화번호를 보았습니다

더러는 번호가 많은 사람도 있고
더러는 번호가 적은 사람이 있는 우리네 핸드폰

전화번호 하나하나씩
추억이 깃들어

때로는 수년이 지났지만
서로 연락도 없이 잊혀 간 수많은 사람…
내 기억 깊숙한 곳을 지우며 행복을 기원합니다
또다시 적지 않은 만남 있을지라도 알찬 삶으로
내가 되고 싶습니다

# 행복이란

맛있는 음식을 먹는 건 행복이다
배고플 때 먹고 싶을 때 맛있는
음식을 먹는 건 더없는 행복감이다

우리는
살면서 많은 행복 느끼지만
그중에
맛있는 음식을 먹는다는 건 더 고마움과 감사함
행복이 아닐련지요?

오늘은 몇 달 만에
닭볶음탕이 먹고 싶어 퇴근길 설레며
아내가 정성스레 요리한 매콤하고
맛있는 닭도리탕을
먹어 보았습니다
그리고
하늘처럼 참 행복했습니다

# 가족의 힘

바람 부는 날
멀리, 떨어져 있는
가족을 위해 소중히
기도하고 싶다

여섯 살 무렵
내 어깨 위 올라타
막무가내로 목말을 태워 달라던 예쁜 딸
어느새 대학에 들어가 꿈을 심고 있다

그런 딸이
바람 부는 날엔
보고 싶어 절실히
기도하고 싶다

그 겨울을 견디고
망망대해 바다에서 보냈던
아들의 늠름한 모습
이제는 제대를 하고 또다시 사회에 몸을 던졌다

가난의 굴레 싫다던

가난하지 않을 거라고 말했던 그 한마디가

눈물겹도록

나를 미안하게 하였다

바람 부는 날

착한 아들 염려되어 귀하게

기도하고 싶다

가족이라는 이름으로

지나가는 시간 가는 세월이라지만

가족은 꼭 안아주면서

건강을 소원하고

그저 다치지 않고 아프지 말라고 소망하며

흔들리지 않은 사랑 보글보글 보듬는다

지금도 살면서

변함없는 사랑의 속삭임

간절한 너의

기도이고 싶다

# 은행나무에게

은행 나무 잎이
소나무 위에 뚝뚝 떨어지고 있다

청명한 가을 햇살
은행나무 잎이 노랗게 노랗게 떨어지면
불현듯 동심원을 그리며 퍼져가는 목소리

교정에서
새록새록 그리움 묻어나는
낙엽을 보고 있노라면
고요한 눈길로
스치지만 말고

나뭇잎도
고마운 사랑으로
있어 달라고
말하고 있잖아…

노오란 은행나무

추억은 사랑을 닮아
전율 한 줄기 속삭이면
아픔도 외로움도 억울함도
어느 순간 침묵으로 다가온다

참말로
수고가 많았다고
고생이 많았다고
내가 나를 용기로 다독여 주고 있다

나는 오늘도
그 앞에서
고운 마음 온전한
수행자가 되어
더 당신을 사랑하며 살고 싶다

## 파도

파도가 몰아칠 때는 몰랐다
얼마나 무서웠는지
파도가 잔잔할 때는 몰랐다
그때는 몰랐다
그냥 무심히 지나쳤다

흐르는 세월은 가고 내 나이 들어갈 때
그때야 느꼈다

이제 알았다
주님이 나를 돌볼 때
파도가 잔잔하고 내 마음 평안해짐을 알아 버렸다

문득 얼굴을 펴고 싶다
인생을 펼치고 싶다
어차피 내가 택한 길
기도부터 청하면서 잔잔한 파도 되어
힘을 얻고 싶다
그리고 이 마음의 평화를 품에 안기며
이제는 자꾸만 살고 싶다

# 만남

인생에 있어 만남은 굉장히 중요하다
어떤 만남에 따라 용기가 되고
요동치는 만남도 있을 인생사이다

가끔은 사람에 속아
실망하고 상처도 받지만
그래도 사람이 그립다

좋은 만남을 갖기 위해선
사랑의 마음속에 고운 미소
연일 전진하며 만나는 것이다

그저 하찮은 만남이 없듯이
수많은 강을 건너고
빙빙 윤회하듯

설렘 안고
향기를 내는
물결처럼 춤추던

소중한 만남이고 싶다

평생 누군가에게
따뜻한 사람으로 기억되어

푸른 하늘 속에
나의 꿈도 영글어 가는
인연의 삶,
좋은 사람
감사로 엮어가는
인생이고 싶다

## 감사

사랑의 주님
아침에 눈을 뜨면
하루도 감사할 수 있게 인도하옵소서

자주자주 보다
매일 감사하는 마음 허락하옵소서

감사할 일이 없을 때도 좋습니다
보통의 감사도 좋습니다
큰 감사가 아니어도 좋습니다

삶의 일상 속
반복된 감사가
기쁨이게 하옵시고 아무런 일 없는 것이
그저 큰 감사이게 하옵소서

주님
더러는
큰 감사 놀라운 감사를 추구하고 있습니다

하루하루 소박한 감사로

나에게
감사할 일이 좀처럼 없을지라도
감사를 드림으로써

더 감사와 기쁨과 편안함을 느끼며 사는
매일매일이 되게끔
인도하시고 바라보게 하옵소서

주님
감사가 내 인생의
희망이게 하옵소서

# 수술실 앞에서

수많은 사람이 왔다 가는
수술실 앞에서
초조하게 환자를 기다리는 마음

누구나 똑같습니다
수술 잘 되길
마음으로 비는 기도

그 기도 속에 하나님이 임재하여
환자 개개인의 손으로 치료하여
회복의 손길 주옵소서

기도하는 나는 나약하지만
주님께 맡깁니다
생명의 능력, 치료의 하나님을 간구하오며
하나님 여호와를 의지합니다

# 눈이 내리면

평평 눈이 옵니다
흰 눈이 평평 내립니다
사람들 가슴에도 눈이 내립니다
순백의 마음으로
날마다 새롭게 살고 싶은 침묵의 바람
모두 가질 수는 없지만

다시 한번 창을 열고
눈꽃 사랑 피어나는 꽃처럼
나도 살고 싶다

# 바다에 가면

파도 소리 물결 소리 산새 소리 지저귀는 소리는
소리로써 우리네 가슴에 울림을 주었다

수천 년 하얀 포말에 밀려 씻기고
부딪혀 가는 떠 있는 섬을 바라보노라면
올해 쌓였던 당신의 삶 살포시 내려놓으라고 전하고 싶다

바다에 가면
온통 파란 물결처럼
한 해 꿈을 꾸고 노력했던 마음
바다 앞에 겸허히 내려놓고
내 마음 다시 바닷가 노을 앞에
둥그런 희망을 그리며 바다에게 한참 속삭이고 싶었다

초겨울날 바다에 오면
더러는 겨울 외투 모자를 쓰고
손잡고 걸어가는 연인 사랑 속에
나의 행복한 소망을 전한다

변산 바다에 가면

힘겨웠던 순간들

반짝이는 파도에 휩쓸려 멀리 사라지고

깨끗한 바람으로 남아 있는 것 같았다

바다에 오면

바다에 고하고

두 손을 맞잡고

사랑으로 희망을 전하고 싶다

# 덕유산

덕유산에 눈꽃이 피었다
덕유평전 지나
삿갓봉을 오르막 오르막 내려보면
그 산 그 마음
깨끗해지구나

덕유산에 눈꽃이 자란다
깊은 산속
맑은 기운을 가슴에 품어보면
이 겨울 새벽마다 아들 위해 기도해 주시는
어머니의 한없는 사랑
그 마음에 고마움을 전한다

순백의 아름다운 겨울 풍경
세찬 바람을 뚫는다
만물의 생동!

# 겨울 바다

흰 눈 내리는 날
옛날 신선들이 내려와
쉬어 갔다던
풍경이 아름다운 선유도

더 행복하고 싶어
나를 비우려 겨울 바다에 갔다
바다로 가는 길은 언제나 그렇듯
설레었다

망주봉을 지나
선유도 전망대에 오르면
초록 바다의
에메랄드빛
이국적인 모습
정말 경이롭다

끝없는 수평선
배 한 척 유유히 지나가는 모습을 보노라면

내 젊은 시절 그리움이
파도처럼 밀려왔다

바다가 그리워
겨울 바다에 가면
그 바다 포근하게 나를 품고
그리운 것은 그리운 대로
내 맘에 간직한 채
살으라 하였다

그래도 다시 한번
마음을 나누고
밀려드는 파도에
맑은 바람 부비며
새날 하늘빛 작은 희망의 연주를 하며
희망의 별빛을
날마다 새롭게 바라보고 싶나

# 어머니

이슬이 채 가시기 전
이른 아침녘
어머니는 유모차에 기대어
밭으로 향하신다
숙여진 허리 구부린 채
걸어가는 어머니 마음속엔
산들산들 바람이 일렁인다

들깨 타작하던 날
수없이 두드리던 그 손마디가
세상에서 무엇으로 바꿀 수 없는
어머니의 눈물이었다
사랑이었다

한없이 높고 푸른 나의 하늘 나의 거울 어머님께
초롱초롱 별이 되어 달라고
은하처럼 흐르던 간절한 소망이
오늘따라
방전되어 허리가 아리다

# 전주 한옥마을에서

흰 눈이 내리고 수북이 쌓인
전주 한옥마을에
관광객들이 겨울 정취를 만끽하고 있다
한복을 차려입고
연인끼리 우산을 쓰고 걸어가는 발길
뽀드득뽀드득 맑은소리로 닿는다

전주 한옥마을에서
나무 위 하얀 눈이 쌓여
보기 드문 풍경을 자아내고 있구나

마음속으로
소망을 말하고
가난한 자에게
들려지는 자선냄비 사랑의 종소리

희망의 기도가
내 마음을 정결하게 하고 있다
12월의 길목에서

함박눈처럼 포근하게
너도나도 수고 많았다며 마음속으로 되뇌며
한순간 풍경의 멋진 기억
필름처럼 추억이
떠올라 말없이 걸었다

전주 한옥마을에서
작은 것 감사하며
나도 흰옷을 갈아입고 내가
그대에게 돌아가리라

제2부

# 가을사랑

# 변산 해변에서

겨울의 끝자락
부안 변산에 왔다

내 마음 파도에 씻긴다
수천 년 지나간 바위
폭포수처럼 하얀 거품을 내고 씻기고 부딪혀
마음도 닮아 가려 한다

바다여
파도여
나는 넘어지고 부딪히는 인생사였지만…
커다란 포옹으로
나에게 용서를 전해다오

그래서
서로 하얗게 뽀득뽀득 씻겨서
조금씩 부서지는 파도에 내 마음 열고 꾸준히 다듬고 싶다
변산반도 바다여!
얼마나 소망했는지

얼마나 바다를
어머니 사랑처럼
사랑하는 마음인 것을
알고 있는가?

가만히 가만히
푸른 바다 생각날 때면
변산은 내 소소한 희망을 빈손으로
반겨주고 세상에서 가장 따뜻한
어머니 사랑 가슴으로 안겨주리라

# 매화꽃

봄꽃이 피었네
내 마음
그대 마음에도
3월에 피는 꽃
그중에 매화, 노란 산수유꽃은
완연한 봄 날씨 속에
꽃망울을 터트리며
시선을 사로잡고 있다

봄꽃의 향기
가득한 광양 매화 산책길
소소한 일상에
모진 겨울 추위에도
아랑곳하지 않고
고결한 마음으로
꽃을 피웁니다

흰 꽃잎이 우수수 날리면
매화를 닮은 사람이 그립다

그윽한 향기를 품고
청초하게 봄의 시작을 알려주고 피어나는 모습
오늘따라 보고 싶다

봄꽃이 피었다
농부들은 새로운 일터
햇살을 받으며
희망찬 기운으로 경운기 소리가
요란하게 움직인다

새봄 향기 가득 봄꽃이 피면
이전보다 삶의 기쁨
가슴이 벅차오릅니다
생명의 봄
희망의 봄
사랑의 봄
새봄이 왔습니나!

# 옥정호 출렁다리

꽃피는 봄날
임실 출렁다리에
다녀왔습니다

비탈길 지나서
요산공원에서 붕어섬까지 이어주는
출렁다리를 바라봅니다

매표소에 표를 끊고
출렁다리 걸으면서
지난 시간의 여정
피어오르는 물안개처럼 내려놓고
마음을 다듬으며
시원한 바람을 맞고 싶었습니다

출렁다리를 건너면서
다리가 후들후들
떨립니다

아내와 손을 맞잡고
그래도 끝까지
걸었습니다

이곳에 오면
어진 사람은 물을 좋아하고
의로운 사람은 산을 좋아한다는
요산요수의 깊은 마음을 사색하며
샘솟는 사랑과 정겨움이 보이는
신비로운 출렁다리를 처음으로 걸었습니다

후들후들 즐거운
요산요수樂山樂水이어라

# 5월의 바람

사월에 꽃이 피었다
다시 지는 5월의 바람
그래도
희망만 품어야지

비가 내리면
농작물은 기운을 찾듯이
그대 마음의
슬픔도 외로움도
소망으로
가득 채워야지

5월의 바람이여
꽃이 피었다

지는 계절이라지만
꽃이 계속 피어서
부디 그대 마음 내 마음
소소한 행복으로 남아

바람과 함께
우리도 뜨거운 가슴
앞으로 나아가며
파란 창을 열고 나아가야지

5월의 바람이여
어머니 생애 바람처럼
내가 진심으로
그대에게 화해의 악수를 청하고
호랑이 기운으로
꿋꿋이 행복하게 살아
나아가리라

# 여름에는

여름에는
더위가 오고
장마가 오지만
순한 눈빛으로
마음을 다듬고
당신을 사랑한다고
말하게 해 주소서

여름에는
많은 이들이 짧은 바지 입고
계곡을 찾아 떠나면
나도 남들처럼
당신 향한 그리움으로
당신이 고맙다고
말하는 이가 되게 하소서

여름에는
뜨거운 햇살이 비추면
그을리고 지친 나를 보지만

그래도
내 편이 있다는
작은 행복을
느낄 수 있게 해 주소서

남들보다 먼저
하늘 향해 바다 향해
두 손을 모으고
단비를 향한 기도로
내 삶을 선명히 바꾸고
반짝반짝 빛나는
하늘을 온 마음에
담게 해 주소서!

# 할머니의 용돈

무더운 여름
할머니를 생각하면
참 정겨워요

어릴 적
할머니 댁 가면
따뜻한 마음을 담아
밥을 떠주고

윗저고리에서 숨겨둔
5천 원 용돈을 쥐여주시며
항상 조건 없는 사랑으로
보듬어 주셨던 할머니!
늘 지켜주고 다독여 주네요

할머니 댁에서
잠을 손을 잡아 잠을 청하고
또 밥을 챙겨 먹이고 보듬으며
유독 나를 이뻐해 주셨던 할머니

그때 그 시절
어린 손자 바라보던
할머니의 웃음이
소나무처럼 마음에 단단하게 활기를 줍니다

단정한 모습으로
낮에는 고사리 한아름
바구니 담아 집에 오는 날
고사리 들깨나물을 맛있게 볶아 주었다

언제나 단아한 꽃처럼
아름다우셨던 할머니

인생의 나침반 되어
지금도 내게 강 같은
하늘빛 희망을 전한다

나의 할머니여!
고맙습니다
사랑해 주셔서
정말 고맙습니다

# 목포 해상 케이블카

처서가 지난 어느 날
산과 바다가 보고 싶어
목포로 향했습니다

고창을 지나서
목포로 가는 길
보슬비가 내립니다

올해
뜨거운 여름 잘 견디었다
마음속으로 되뇌면서

국내 최장 3.23킬로!
목포 해상 케이블카 꼭 한번 타고 싶어
국내 최장 해상 구간을 비행하며
그 이상의 짜릿함을 느껴 보았습니다

목포 해상 케이블카 타고
유달산을 지나서

고하도 전망대에서
용오름 숲길을 걸으면서
구름 같은 이 세상
내 안의 추한 마음
한없이 항구에 토해 내며
허물을 벗는다

끝내는
깊은 심연에
바다가 되고
호수가 되어
새 기운을 듬뿍 담아

나도 다시 일어서야지
그리고 나는
끝내 타 보았습니다

# 거미줄아

초여름에서
가을로 가는 길목
거미줄은
시도 때도 없이
나의 손목을 휘감고 얼굴을
강타하고 있구나

거미줄아
나를 힘들게 하지 마라
나를 그냥 내버려 두고
나무로 그물을 쳐다오
긴 여름 더위에 지친
내 몸을 함부로
건들지 마라

거미줄아
너도 어쩔 수 없이
거미줄을 쳐 놓고
살아간다지만

나는 너를 한 번도
심하게 건들지는 않았다
거미줄아
이제는 끈질긴 생명의 나무에
그늘을 치고
살아가 주렴

거미줄아
너의 생명력으로
이슬을 머금고
나도
그 노력과 끈기로
하늘을 쳐다보고
종종 달려가고 싶다

# 9월엔

주님
사랑하게 하소서
말보다 생각보다도
가슴으로 사랑하게 하소서
이전보다 더 사랑하게
하소서

주님
용서하게 하소서
나를 용서하고
남을 용서하게 하소서
이전보다 더 용서하게
하소서
인연으로 만난 우리네 인생
이제는 모두 좋은 인연 되어 놓치지 않게 하소서

주님
감사하게 하소서
고난 속에도

시련 속에서도
두 손으로 일할 수 있음에
감사하게 하소서
때로는 가족에게서
자녀에게서
사는 게 더 힘든 시간들이 있음을
그렇게 기도로써 회개합니다
그럼에도 강한 진통제로
놀라운 치유와 은혜를 주시고
희망으로 기적을 일으키는 주님의 사랑
감사했습니다

주님.
가을의 시작 9월엔
나의 보잘것없는
부끄러운 기도에도
축복을 받아 이전보다
삶의 기쁨을 채워
가슴이 벅차오르게
하소서

# 이 가을

설렘 가득 찬 이 가을
뚝뚝 떨어지는 황금빛 노란 은행알처럼
나도 사랑을 담고 싶다

그리움 떠오르는 이 가을
붉은 대추알같이
나도
사랑이 솟아나고
다가오는 마음으로
진행하고 싶다

가을은
낭만과 동심이 어울리는
옛 노래 가사처럼
그리움에 얼룩져 버렸네

이 가을
모과향에서 풍겨지는

은은한 향기를 담아
나도
누군가에게
좋은 사람으로
가을과 함께 포근하게
기억되고 싶다

깊어 가는 이 가을
나는 희망한다
선한 자연의
오색 단풍에 반하고
산사의 단풍길을 걸으며
최선을 다하는 사람으로
살아가고 싶다

# 밥

나는 오늘도 밥을 먹는다
살아 있으매
밥의 고마움을 느끼며
오늘도 밥을 씹는다
그리운 어머니 밥도
시장통 길목의 할매국밥 한 그릇도
내게는 따뜻한 사랑이었다

밥을 먹을 수 있다는 건 감사함이다
밥을 먹고 움직일 수 있다는 것도 축복이다
나는 오늘도
아내의 정성 가득 밥상 때문에
힘을 팍팍 내면서
달려가고 있다

아— 어머니의
새록새록 묻어나는
무한 밥 한 끼
여전히 생명을 불어넣고 있으리라

# 살다 보면

절망보다 희망이 더 있더라
생각한 대로
소원한 대로 이루지 않을 때
나는 절망보다 눈물보다
그저
희망만 기다리고 싶었다

살다 보면
어두운 터널을 지날 때처럼
막막할 때도 있었다

우리 인생 살다 보면
이런 일 저런 일
수없이 찾아왔지만
그때 나는 가족을 생각하며
오직 믿음 하나로
눈물을 삼키며
서글픔 이겨냈다
50대 삶의 무게도

아프고 서러웠지만
기꺼이 젊어졌다

살다 보면
흐린 날보다
맑은 날이 더 있더라

사랑도 하고
이별도 하고 그랬겠지만
그래도
내가 지닌 순전한 마음 하나
행복한 하늘이 되고
먼 수평선 너머 도착한 항구의
희망이 되었다

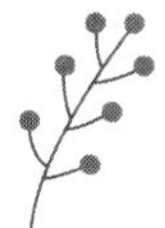

# 겨울꽃

겨울꽃이 피었다
내 마음에
수년의 세월
강한 생명력으로
겨울꽃은 피는 듯 다시 지고는
내 마음도 흔들어 놓았다

겨울꽃이 피었다
고난과 역경 속에서
내 마음에 한 가닥
실낱같은 희망으로 피었다
따사로운 햇살을 안은 채 말이다

나도 겨울꽃처럼
생명을 불어넣어
천리향 향기 나는 꽃으로 가지치기해
새날을 기다리며
사람을 품고
사랑을 잉태하고 싶다

때로는 흔들려도
내 눈에는 희망만 보이며
자신을 돌아보고
다시 살아간다면
얼마나 은혜 속에 고맙고
기분 좋을까

꽃이 피는 손길이여
불쑥 솟아라 희망이여
따스한 희망을 마음에 담아 살고 싶다

# 비가 온다

비가 온다
겨울에 내리는 비는
내 마음 추억으로 적신다

젊은 날의 추억도
젊은 날의 꿈도
비 오는 날은
새록새록 떠오르는
진해 전통 경화시장
할매국밥에 허기를 채우고
중심으로 달렸던
좋은 옛 추억

깊은 상념에 젖는다

비가 온다
그리운 추억들
빗방울에 꽃잎이 떨어지면
겨울에 피는 동백꽃처럼

그대의 얼굴
따뜻하게 웃어주고
기쁨을 준다

비가 온다
빗소리가 들려오면
무작정 친구를 만나고 싶다

눈빛만으로도 알 수 있는
지난 세월이 담긴
가물거리는 추억들을
어깨에 기대며
술잔을 기울이고
뽀얗게 피어오르면
너의 바다가 되어
나는 일어서고 싶다

## 강가에서

어느 겨울날
오래된 한 그루 나무가 강가에 물들인다
눈 덮인 공간 사이로
겨울 철새 몇 마리 강가를 거닐고
그 위 나무에는 성령의 비둘기 이리저리 날아다니고 있었다
성스러운 공간 조용한 시골 강가
찾는 이 드물지만
강은 여전히 세월이 가도
그 자리에서 변함없이 버티고 있었다

어느 겨울날
나는 강을 한참을 바라보다
오래도록 잃어버렸던 내 어린
강가에서 놀던 순수한 기억을 떠올린다
자연은 내게 강가로 오라
말을 걸어오고
나를 물같이 단순하게
하나님의 은혜를 받으며
살아가라 말한다

# 세월

흐르는 시간을 붙잡을 수 없지만
더 늦기 전에
소소한 일상에서 행복을 소망한다

세월은 가고
나이는 속절없이 빠르게
들어가는 중년의 삶
인생이여!
시간을 되돌릴 순 없지만
내 마음 감사로 희망을
현실에 순응하며 행복을 노래한다

세월이 가고 있다
더 늦기 전에 작은 행복을 소중히 바라며
지난 역경 속에서도 현재의 내가 있다
나도 욕심을 내려놓고
용기를 구하고
더 좋은 하루가 되어
그대의 마음에도 봄이 되기를 소망합니다

제3부

# 추어탕집에서

# 추어탕집에서

한 계절이 가고
또 한 계절이 온다
어쩔 수 없다지만
나는 그래도 부모가 있기에
솜털같이 감사하다

자식을 향한 부모 내리사랑은
사는 동안 끝이 없다
나도 나이가 들수록
주렁주렁
어머니의 고생이 얼마나 소중했는지
아리게 느껴본다!

오늘은 어머니
팔순이 넘은 생신날
그저, 추어탕 한 그릇 대접하며
따뜻한 김이 모락모락 치솟으면
더 깊어진 눈빛으로 부모는
영롱한 웃음을 전했다

어리굴젓에 누룽지
추어탕 한 그릇
맛있게 드시는
평생 고생하신 부모님께 포근한 행복을 품는다

사는 동안 나도 이런 날이
자주 오고 자주자주
새롭게 떠오르는
어머니의 영을 받아
넉넉하게 따뜻한 마음으로
길을 가고 싶다

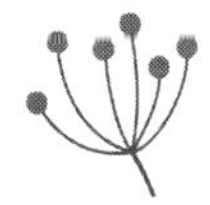

# 시계 바늘

시계는 세월이 가듯이
변함없이 돌아가지만…
건전지 없을 때는
멈춘다
어느 날 벽에 걸어둔
고장 난 시계 바라보니
불편함이 끝이 없다

다시 새 건전지를 끼우며 새 충전을 한다
나도 고장 난 시계처럼
망설이고 흔들릴 때도 있었지

시계가 뚝딱 뚝딱
다시 소리로써
가지 않으면 안될 길을 전하면
못다 한 사랑
하루하루 담금질해서
샘물같이 살기로 했다

# 국밥집에서

개나리꽃이 활짝 핀 김제 금평저수지
산책길 따라가다 보면
원평 할매국밥의 커다란 간판이
허기진 배를 채운다

가끔
마음이 어수선할 때
국밥집에 가면 힘이 솟는다
3대째 이어온
구수한 국밥을 시켜놓고
들깨 넣고 먹는 아내의 모습을 바라본다
한입 한입 맛깔나게 먹는 아내의 얼굴
소박한 생기가 돋는다

국밥집에서
마음이 어수선할 때
어머니 품 같은 금산사 바라보고
희망을 품으며
가끔 허기진 배를 채운다

# 비를 맞으며

비가 내린다
봄에 내리는 비는
꽃이 솟아나고
생명이 잉태한다고 했지

비가 내린다
내 가슴
그대 가슴에도
꽃이 피었다
촉촉이 내리는 빗방울 대지를 적시면
그 옛날 내가 바랐던
소망 하나 가슴에 담고 먼지를 털어낸다

비를 맞으며
언젠가 그리움도
봄비처럼 바람으로
슬그머니 가볍게 다가오겠다

# 4월에는

눈부신 4월
활짝 핀 봄꽃을 한참 바라보면
나도 마음을 내려놓고
이제는 쉬어가고 싶다

꽃이 날리고 바람에 떨어져도
아직도 4월에는
칭얼대는 자식을 향한
굵은 마음의 기도
여린 가슴의 외침
애처롭고 안타까워라

다시 봄꽃이 만발한
4월에는
서러웠던 시린 속마음
흐르는 물에 적시고
하늘가에 물든
향긋한 추억 바라보며 즐거움으로
눈을 뜨고 싶다

# 그리움

핸드폰을 보면
폰에 저장된 그리운 얼굴들이 있다

어떤 날은
헤아릴 수 없는 고마움
만나지 못한 아쉬움에
화살을 꽂는다

수년 동안 보관한
사람들의 얼굴이 떠오르고 있다

여러 빌미로
보고 싶어도
볼 수 없는
그리운 얼굴들이 있다

내 그리움은
외로울 때
요동치는 물결

문득문득 만나고 싶은
사람이 있다

그래도 너로 하여
맑은 가슴 기쁨으로 살아가며
마음에 길 하나 열어놓고
설렘으로 기억하는
화살을 꽂는다

그립다는 것은
잔잔한 파도가 일고
있다는 것이다

# 버팀목

같이 살면서 그대는 버팀목이었다
세상 살면서 그대는 해바라기처럼

나를 사랑해 주고
나도 희망을 주고 싶다
김제역에서 만난 첫 설렘으로
변함없는 사랑이고 싶다

아주 간절하게…
세상을 살면서
때로는 내 뜻대로 되지 않아
힘들고 넘어질 때도
버티고 견디게 해준
나 혼자보다
당신과 함께 살 수 있다는 건
모든 걸 층층이 쌓아가는 믿음으로
사랑을 속삭이는 고마운 아내였다

# 꿈속의 다짐

인생은 다 그리 살아간다지만
신록이 우거진 나무를 바라보다
인생을 돌아보니
하루는 길고 세월은 빠르게 흐르고 있다
어떤 이는 꿈을 향해 전진하고
꿈을 이루고 지내지만
그래도
하루는 길고 지나가 버린 시간은 빠르다

나이가 들수록 세월이 갈수록
지난 젊은 시절의
꿈은 미완성으로 남아
그리움으로 다가와 이리저리 망설인다

바람이 또 분다
오늘은
신록이 우거진 나무 앞에
더 겸손히 살아가겠다고 기도하면서
다시 앞으로 나아가야지 속삭인다

# 5월에는

푸르름 짙어가는 5월에는
근심 걱정 없게 살게 하소서
수년 전 교통사고로
아직도 절망에서
희망에 매달려 살아가는
반신불수 동생을 외면하지 않게 하소서

5월에는
사랑하는 마음이 더
있게 하소서
계절의 여왕이여…
들으소서 들으소서
해마다 푸르름이 짙어지는
5월의 향기 속에 소원하오니
이제는
지난 아픔도
소망의 열매, 기쁨의 눈물
소소한 사랑을 주렁주렁
맺게 하소서!

# 유월에는

파란 하늘로 가득 찬 6월의 여름에는
작은 희망을 품고 살고 싶다
시골 개울가의 물은 더위도 잊은 채 흐르고
나는 늦게 피는 꽃이
오래가고 아름답다라는
상념을 실현되는 것을 두 눈으로 보고 싶다

계절은 변함없이 가고
강물도 유유히 흐르고
세월은 붙잡을 수 없지만…
내 마음 다 내려놓고
소리 없는 기도로
나도 물처럼 산처럼 파프리카처럼
하루하루 마음을 다지며 살면 얼마나 좋을까!

파란 하늘이 탐스럽게 더워지는 초여름
반환점이다
하루하루 신선하게
작은 소망을 품고 살고 싶다고 고백하리라

# 전주 예수병원에서

한 사람이 사투를 벌인다
15년 전 교통사고로
하반신 마비가 되어
지금껏 혼자 힘으로는
가릴 수 없는 생활과 통증으로
마약 진통제에 의지해야 하는 동생의 가냘픈 모습을 보는
나는 자주 아파해야 했다

한 사람이 병실에서
폐렴과 요로감염과 싸우며
다시 한번 힘겨운 싸움을 하면서
의료진이 심혈의 목소리로
퉁퉁 부은 배를 어루만지고 있다

얼마나 아팠을까
얼마나 통증이 왔을까?
동생의 절절한 몸부림
종종 소리쳤지만
이번만큼 아픈 동생 모습 그날 이후로 처음이다

사는 게 더 힘든 시간들
그저 살려만 달라고
살아만 달라고
두 눈에 흐르는 눈물

나는 두 손을 잡고
발을 주무르고
가족의 바람으로
일어서길 한참 동안
간절한 동생을 바라보며
정성 다하고 기도로
하나님을 찾으며 붙든다

한 사람이 울먹인다
지난 시절 나는 죄인이었다고
부모께 형께 잘못했다고…
치량한 그 목소리
모든 것을 내려놓으려 하지만
그래도 살아야 한다
이겨내야 한다

기도하고 또 억척같이 기도하였다

# 7월의 기도

7월의 여름
더위가 오고
장마가 오지만
선한 마음으로
당신을 사랑한다고
말하게 해 주소서

많은 이들이 짧은 바지 입고
물놀이를 찾아 떠나면
나도 남들처럼
당신 향한 그리움으로
당신이 고맙다고
말할 수 있게 하여 주소서

푸른 하늘과 어우러진 바다
나의 바다
너의 바다
뜨거운 햇살이 비추면
그을리고 지치고 힘든 나를 보지만

여전히
내 편이 있다는
작은 행복을
느낄 수 있게 해 주소서

남들보다 먼저
하늘 향해 바다 향해
두 손을 모으고
단비를 향한 기도로
우리 삶의 걸음을
인도하소서
꿈을 이루게 해 주소서

나의 생애 조금씩
행복하게 해 주소서

# 우석병원에서

두 부모 입원하는 날
하늘에서 비가 내렸다
때로는 강하게
때로는 보슬비처럼
총총히 내 어깨를 짓누르며
비가 내렸다

나이가 들면
누구나 아파서 기력이 없어
한 번쯤 병원에 간다지만
울 부모는 참 많이도 병원 신세를 지고 있다

살아온 삶에 역경처럼
자식을 먹여 살리기 위한
커다란 마음의 짐일까
또다시 병원에서
죽을 만큼 힘든 통증으로
병을 이겨내고

힘겨운 싸움을 한다

울 엄마
울 아빠
그 소망의 바람 1프로라도
희망을 붙잡으며
나는 소리 없이 하늘에 고하고
또 소리쳐 기도하는 이 마음
분명 하느님은
가난한 기도를 알아줄까

내게 더 기쁨의 단
반드시 오리라 전하며
더 사랑하라
힘찬 손짓을 전한다

# 이별

아버지 돌아가시던 날
하늘도 울었고
땅은 통곡했다
지난날 웃으며 반겨주던
그 모습 아직도 선명하게
떠오르는데…

아버지는 말이 없고
내 마음 남몰래 울음 삼키고
그렇게 생각만으로
하얀 웃음 지은 채
바람처럼 멀어져만 가셨다

누군들 한 번은 치러야 할
긴 그리움 강물 따라
눈물겹게 흐른다

아버지 돌아가시던 날
뜨겁게 달아오른 불길도

맑은 영혼의 꽃눈 뜨고서
산사의 메아리가 넘쳐난다

아버지 돌아가시던 날
절절한 그리움에 불러보지만
이제는 정녕 수많은 모든 인연의 고리도 끊고
정직한 영혼으로
내게 힘들 때일수록
마음 비우고
계곡에 흐르는 단순한
물이 되어 고요히 살라 한다

꽃이 피는 건 힘들어도
지는 건 잠깐이더라
주님
하늘에 서원하오니
사는 동안 흔들릴 때
하늘에서 돌봐 주소서

# 변산 노을 바라기

언제 가보아도 기분 좋은 곳
변산 해수욕장
누구나 갈 수는 있지만
더러는 올라갈 수는 없는
변산 노을 바라기를
올라갔습니다

산책로를 따라 한참을 돌고 돌아
꼬불꼬불 오르다니
다리가 후들후들 떨리는 발길
탁 트인 서해,
바다가 보이고
푸른 숲이 보이는 전망대에
오르는 순간 나도 모르게
세상을 다 가진 기쁨을
보았습니다

변산 노을 바라기에서
처음으로 서해, 바다

풍경을 보면서
바람길 따라
솔숲의 향기 속에
나와 아버지와 정겨운
추억이 떠올라
절로 기분이 좋았습니다!

## 상처

너무도 더운 8월의 여름
입술에 물집이 생겼다
얼마나 신경을 쓰고
걱정을 했을까

오십 후반을 살면서
이렇게 많이 입술에 생긴
상처로 눈물을 담았다

매일 아버지의 부글부글 분한 마음을 담아
하얀 연고를 바르면서
열흘 동안 상처는 아물지
않았지만…

나는 남몰래 참고 참으며
정성스레 마음을 씻으며
눈물을 펑펑 쏟아내고
새로운 시작으로 치유를
간절히 원하고 기다렸다

# 언젠가는

올해는 너무 더운 여름이었다
지독하게
긴 기다림을 속삭인 채
근검절약으로 생사고락 같이 했던 아버지는
하늘의 별이 되었다
그리고 엄마는 돌아왔다
언젠가 나는 만나리라
아버지를 닮아가며 마음을 숨기지 않고 살아가리라
시간이 흐를수록 사랑은 더 타고 흐르는 마음으로…

언젠가는
지독하게 힘들었던 더운 여름
그때를 회상하며
잘 이겨냈지 하도록 단단히 마음에 기억하자
돌아올 사랑으로
꼭 만나리라 계획하면서 말이다

아버지 돌아가신 후 세상이 달라 보였고
거듭남으로 일어서고 있었다

# 당신

처음 만나던 날
난 희망이었네

얄궂은 설렘으로
양 볼이 빨갰지만
맑은 수줍음이었네

곁에 머무는 시간
난 한 그루 나무였네

설렘 속에 보낸 시간
행복을 느끼고 감사를
배우고 있네

때로는 오솔길 걸어가며
때로는 솔바람 소리 들으며
우린 바닷가에서 지난 과거의
상처를 보듬었네

어깨 사이로 전율이 파르르
서로의 눈빛만으로도
알 수 있는 그런 사이가
이제는 되어가네

언제나 자주 고맙고 감사하고 기쁨을 주는 당신이여!
당신은 내게 희망을
가망으로 일구는 파수꾼처럼
지금도 보드라운 다독임으로
곁에 있네

그런 당신이란 사람이
한복판에 있어 가슴을 피네

은은한 향기로
미소로 품어 주던 당신
나도 이제는 미소로 품어 살고 싶네

건강하세요
고맙습니다
축복합니다

# 죽녹원에서

파란 하늘 뭉게구름
정겨운 초가을날, 김제에서 담양으로 가는 길은
설렘이었습니다
대형버스를 타고 달리는 이 길에는
산이 보이고 누런 벼가 익어가는
농부의 땀방울 피어나는
풋풋한 알맹이가 한가득 보였습니다
맨 처음 담양으로 가는 길
대나무로 제일 유명한 죽녹원에 와보니

고요한 자연의 향기가 위로의 향기로 붙잡아 줍니다
낙심하지 말라고…

설렘 안고 걸어왔던 죽녹원
우뚝 솟은 대나무 운수대통길
나는 마음을 고백하며
역전의 은혜를 사모하고
충만한 인생길을 찾습니다
남쪽 죽녹원이 나를 부릅니다

# 가을 대추

교정에 피어난 가을 대추가 익어갑니다
나도 가을 대추처럼
익어갔으면 좋겠습니다

그리하여
수많은 붉은 알알이 열매처럼 행복하게 살으렵니다

바람이 불면
잎새 사이로 붉은 대추가 떨어지듯…
세월의 흐름 따라
그렇게 살고 싶습니다!

가을 대추가 익어갑니다
아삭아삭 달콤한
향기를 품고
내 인생도 가을 대추처럼 예쁜 색이 붉게 물들며
내 사랑이 곱게 곱게
익어갑니다

# 가을이 오면

가을이 오면
나도 가을처럼 열매 맺게 하소서
가을 하늘을 보며
무지개 찬란한 빛으로 밝혀 주었던
고마운 사람들의 손길을 기억하게 하소서

가을이 오면
온전히 여름을 견뎠던 들국 같은 연한 빛으로 피어나
땀의 결실 맺게 하소서

가을이 오면
깨어 있는 삶으로
마음이 연약한 이에게 편하게 다정하게 같이 있게 하소서

가을이 오면
내 인생의 길을 물으며 실천으로 변화되어 살아가게 하소서
가을이 오고, 가을이 가면
모든 일에 나의 바람이
감사로 이루게 하소서, 소망을 잃지 않게 하소서

제4부

# 바다로 가는 길

# 나이가 들면

젊은 날이 그립다
바람같이 지나간
많은 사람 스치고
너와 나
아름다운 돌탑을 쌓았던 추억들이 그립다

아주 가끔은 노력과 열정만으로
보냈던 시간들이
요즘 들어 더 그립다
어떤 사람은 싫은 사람이 있고 어떤 사람은 그리워하고
보고 싶은 사람이 있다

나이가 들면
그대 생각만으로 그리움일지라도
나도 손 내밀고 싶어진다

나이가 들수록
흐르는 강물처럼
순응하면서 살고 싶다

시간은 총알같이 빠르게
지나갔다
그래도 있는 모습 그대로를
사랑하며 당당하게
보고 싶은 사람을 보고 싶다

나이가 들면 나이가 들수록
누군가에게
의미 있는 존재로
그리워하는 사람이 되고 싶다

그대 멀리 있다 해도
설레는 그리움
기다리고 싶다

나이가 들면
사람이 그립고
멀리 있는 사랑이 더 그립다

이 가을에 그리움이
은은한 향기로 차곡차곡 쌓이고
출렁인다!

# 부안 내소사

내소사에 가는 길은
부푼 꿈을 안고 와서
그저 좋았습니다

산사의 그윽한 향내를 맡으며
초록초록 울창한 전나무 숲을 걷다 보면
나도 모르게 고운 마음으로 다짐합니다

포근한 입맞춤 속에
가을이 전해준 그 단풍 발자취도
그 많은 사람 오고 갔을 내소사 가는 길엔
천년고찰의 조용한
속삭임이 나를 깨웁니다

내소사 가는 길
그 세월 훌쩍 지나도
변하지 않는 천년 지기 느티나무
오랜만에 내 마음의 거울
사랑으로 안아주고
있습니다

그렇게 그렇게
가을 햇살이 전해준
설렘으로 다가간 대웅보전
화려한 장식 속에 숨겨진
산사의 고된 수행을 생각하면서
삶의 위안과 기도로
가볍게 해 달라고 간절히 소원을 바라고
가슴으로 품었습니다

내소사 가는 길은
사뿐사뿐 삼성각 돌계단을 밟고 올라가면서
부안 능가산 내소사
마음으로 눈으로
새로운 희망을 듬뿍 담고
왔습니다

# 초겨울 품

가을이 떠나갈 즈음에
비가 내린다

낙엽이 떨어진 거리는
조금은 쓸쓸한 여운을 남기고
우뚝 서 있는 나무들은 그리움을 적시게 하였다

또다시 시간은 흘러가고
찬바람이 불고 나니
내 편이 되어 따뜻한
햇살처럼 입김을 불어넣으며
힘들었던 나날을
꿋꿋이 이겨내게 해 주었던
당신의 품이 참 고맙다

세월보다
내 마음이 급했던 마음을
차분한 의지로
불타오르게 하고

힘든 손을 잡아주며
이렇게 일으켜 세웠지
그리고 반짝이는 강물
위해서 행복으로
역전되게 만들었다

초겨울
눈 내리기 전에
당신을 품에 안고
또 다른 나로
일어서고 있었다

# 12월 초겨울에

친구가 연락이 왔다
오늘 예전 부모님이 살던 집이
그리워서 멀리 경기도 화성에서 김제 온다고…

나는 시골집 오라 해
처음으로 시골집 와서 울 엄마가 해주는
김장김치와 물김치 돼지수육을
정말 맛있게 먹고 적지 않은 담소를 하면서
나도 부모도 친구도
뜻깊은 시간이 되었음을 고맙게 생각해 본다
아마 친구도 올라가는 길은 한결 가볍고
한 움큼 어머니가 싸 준 정성스런 김장김치, 물김치로
당분간 온 식구가 고맙게 맛있게 먹을 것이다

오늘은 행복한 날이다
그저 작은 마음이지만 사는 게
그런 거 같다는 생각을 해 본다
때로는 서로 보듬고 응원해 주고
격려해 주는 것이 아닐까도 느껴본다

# 하늘이시여

하늘이시여
밤하늘 달빛과 별을 바라보니
내 마음 허전할 때
어릴 적 한 살 때 가난에 찌든 생활 속에
홍역까지 걸려 무지 고생했던 시간
이제는 기억만 남고 사라지게 하소서
말 어눌과 코를 흘리며
힘겹게 보냈던 시간 속에도 살아남은 이제는
부모의 깊은 고마움을 깨닫게 하소서

하늘이시여
중년에 접어든 시점에
헤어짐으로 힘들었던 시간이 달빛을
바라보니 또다시 눈물만 나옵니다
부족했던 저를 무릎 꿇어 용서를 빕니다

하늘이시여
중년이 넘어가는 시간 속에
늦었지만 괜찮아라는 마음가짐으로 살아서

행복과 노력의 열매를 가꾸면서
살게 하소서

하늘이시여
이제는 세월이 많이 흘렀지만
역경 속에 피어난 잡초보다
더 감사하며
덜 아프면서
함께 행복을 더 많이 느낄 수 있고
나로 인해
가족의 편안함을 느끼면서
살아가게 도와주소서

하늘이시여
오늘부로 악한 것이 사라지면서
생활의 자부심을 가지고
궁핍하지 않게 하여 주옵소서

## 바다에 가면

바다가 좋아서 겨울 바다에 왔습니다
파도가 물결치고
거센 바람이 부는 변산 바닷가에서
갈매기도 물결 따라 나를 반겨줍니다

나는 종종
주문처럼 바다로 발걸음을 돌려
노래하며 달려나옵니다
몇 달 만에 오는 오늘은
이 바다를 바라보며 다짐합니다

바다는 나를 포옹으로 안아주고 약속을 기다리라 합니다
그래서 은빛 물결 속에 근심을 날려버리고
새록새록 희망을 진하는
생명의 샘으로 흘러서 살아가라 합니다

바다는
여전히 내 가슴에 속삭이며 하얀 물결로
고마운 꿈을 전합니다

# 희망

희망을 생각한다 하면서 희망으로 살지 않았습니다
기쁨을 생각한다 하면서 기쁨으로 살지 않았습니다
제가 부족했나 봅니다
추운 겨울이 지나고
꽃피는 봄날이 오는데도 희망은 마음먹은 대로
노력하는 대로 문고리만 잡은 채 빠르게
다가오지 않았습니다
그래도 아직은 희망을
바라보고
기쁨을 위해 꿈틀꿈틀 발버둥 치고 싶습니다
그래서 소중함을 깨닫고
더 감사할 수 있게
종종 피어오르는
내일의 희망 꽉 붙잡고
그 이전으로
되돌아가고 싶지
않습니다

# 마음

봄 햇살을 받은 채
꽃은 피고 새들은 속삭이며
날개를 퍼덕이고
유연하게 날아가고 있습니다

때가 되면 봄은 오고
고운 향기를 품은 채
꿀벌도 손짓하고 있습니다
그러나
나의 마음은
삶에 게을러진 채 살아가고 있습니다
인생의 사소한 온기를 잃지 않으려
하루에 주어지는 행복을 무너지지 않게
부던히 살아내고 있습니다

4월에는
꽃다운 생각으로
모두의 것임에도 내게 담을 수 있는 마음을
고맙게 기억하고 사랑하렵니다

# 바다로 가는 길

바다로 가는 길은
고요한 설렘

바다가 그리워
아내와 함께 대천 바다로 향하는 길목

사월 바닷가 해송 숲애는 별이 스며들고
바닷바람 날리며
바다로 가는 길을 묻고 있다

한없이 소곤대고 푸른 물결
바다에 가면
바다가 좋아

바다로 가는 길은
여전히 저 먼 수평선 너머로
떠 있는 배들이 희망을 꽉 채웠다

대천 바다에서
아무도 모르게 바다에 고하고
때로는 허공을 향해 소리쳐
사랑의 손짓을 보내본다

방향을 잡아줄 등대 하나 붙잡고
두 손 모아 기도로 돌아오는 바다는
모든 것을 씻어주고
더 푸른 바람이 되어 날아가
기쁨 두 배로 돌려 주었다

그래서
우리는 여전히 바다가 좋다

# 사노라면

사노라면
삶이 절망적으로 다가올 때도 있다
무언가 해결할 수 없을 때
포기하고 싶을 때

마음은 통회의 기도로 간절히 속삭이고
무너진 자리에선
실오라기 희망을
버팀목으로 이겨내려 했다

사노라면
누군가로부터
온몸에 질펀한 돌덩이에 부딪쳐 와
살아갈 힘이 부치고 갑갑할 때가 있다

사람들은 말하였다
가족을 껴안고 생각하며
믿음 주는 한 줄기
기도로 다시 일어서라고…

생각해 보면
꽃잎은 떨어져도
간절함으로 무릎 꿇고
깨달음으로 기도드릴 때
하늘은 굳게 잠긴 문을
믿음 되어 열 수 있다는 사랑의 손길
발걸음이여
축복의 손길로 새로움을
담아 다가오고 있을까?

사노라면
오랜 시련 속에서 힘겨울 때
이제 발견한 작은 섬광 별처럼
굽이굽이 향기로운 고마운 사람이 있다

생각지도 못한
보석 같은 희망을 심어주고 선해수는
사람이 있다

나도 마음속에 거울을 담고
손을 건넬 사람을 비춰본다

# 오월이 오면

해마다 오월이 오면
아린 가슴 하나 달고 산다!

그토록 예쁜 꽃과 푸르름을
가슴을 품고 있는데도
오월은 슬픈
너와 함께 있다

잊히고 싶을 때
지우고 싶을 때도
아직도 동생의 사고는
온갖 소망조차 잠재운 채
오월의 하루를 혼자 누워있구나

일상의 행복을
사무치게 그리워하는 나는

해마다 오월이 오면
당신이 한 번도 걸어보지 못한 길

신의 숨결 속에
큰 소리로 외치며 갈구하는
소중한 너와 거닐고 싶다

꿈속이라도 좋으니
한 번만 머물고 싶다

누가 알겠는가?
눈부신 자연의 빛 속에 드넓은
바다로 달려가고 싶은
당신의 환희여…
바람이여 사랑이여!

감사의 달
아버지 어머니!
그리고 아들딸
나는 너들 사랑한다

# 비가 내리면

초록으로 물드는 이즈음
더위를 먹은 하늘에
장대비가 쏟아졌다

새들은
비가 오는데도 비를 맞는다

새들은
내리는 비를 멍하니 바라보며
바둥바둥 사는 네게
초연한 삶을 전하며 위로하였다

비는 세차게 내렸지만
대지의 생명을 불어넣고
비가 내리면
고이지 않고 흘러가는 물처럼
속삭이겠지

그때야

새들이 날아간다
비를 맞고 어디론가 날아만 간다

나도 새들처럼
날아가고 싶다

비가 내리면
그 비의 냄새가
유연한 몸짓으로 다가와
한 번 더 꿈을 안고 꿈 따라 살아만 가고 싶다

# 예당호에서

우리나라 최대 저수지
예당호
천혜의 경관을 회개하는 맘으로 보며
근심과 걱정거리를 떨쳐버렸다

출렁다리를 출렁출렁 거닐면서
비지땀 속에 묻어난
희망을 발견하고 나를 격려하며

저멀리 한쪽에선
황새가 흰 날개를 펼쳐
초록 산과 강물을 안고 있다

유월의 예당호에서
쌓인 마음 크게 밀쳐 버리고
거대한 호수 위의 푸른
강물 속으로 던져버렸다

예당호에서
바라는 대로
말하는 대로 이루소서

하늘로 곧게 솟은
위풍당당 주탑을 바라보고
노를 움켜쥔 채
힘차게 행복의 소원을 심고

그 손을 붙잡으며
설레는 마음으로
나는 일어서리라

# 그해 여름

그해 여름은 더웠다
한줄기 비라도 내려주길 소망했다

아버지 부음 소식과
아들의 방탕한 시간들이
나를 아프게 하고
뜨겁게 하였다

그해 여름은 지칠 대로 지쳐가면서
속절없이 하늘을 원망했고
무성한 잡풀들만이 죽지 않으려
눈부신 여름을 만들었다

나는 여름 한복판에
비지땀을 흘리며
일어서려 했다

가슴이 타버린 여름
뜨겁게 울었다

흐르는 눈물 속에서
유난히 침묵으로
따뜻하게 감싸주는 아버지의
소중한 기억들은

사랑으로 울려 퍼져
환한 달빛으로 편안한
저녁을 보냈다

그해, 겨울 나는 길을
걸으며 일어서고
결국 내게로 왔다

# 예수병원 중환자실에서

동생이 몸부림치며 절규한다
인공호흡기에 가쁜 숨을 쉰 채
손목이 묶인 채 병실로 옮겨달라 소리친다

나이 쉰셋
최근 들어 요로감염과
폐렴으로 수시로 병상을 오갔지만
중환자실에 간다는 것은 너무 무서운 일이다

동생이 곤두선 신경으로 사투 중이다
말은 못하고 눈짓으로 애달프게 마구 찔러댄다
십오 년 전 옆자리 동승했다가
아무런 준비도 없이 대형 사고를 일으킨 후배가
이제는 갈기갈기 원망스럽다

시간이 갈수록 매일매일 통증으로
흔들리는 동생을 바라보면서
너에게 창문의 기도밖에 할 수 없는 이 마음
가슴속에 강물이 되어 흐른다

동생이 살려달라 매달린다
수년 동안 휠체어로 요양사 도움 없이는
일어나지 못한다
쏟아지는 눈물로
너도 울고 나도 운다

그래도
사랑하는 동생아
손을 꼭 잡아서
그 병실 창문 밖
푸른 나무, 맑은 하늘처럼
희망을 조금 품자

서로를 위로하여 나무처럼 너 자신을 향해
깊이깊이 일어서자

# 독백

너로 인해 아파하고
너로 인해 사랑하고
너로 인해 변했다

나의 마음 아는 너에게 보낸다
수많은 기도와
외로움 속에서도
너로 인해 일어날 수 있는 희망으로 손짓하였다

너로 인해 일어서며
끝내 해냈다
기뻐 숨 쉬는 순간순간
살아가는 마음 되어
맑은 강물처럼
기다리며 살리라

살다 보면
너로 인해 마음 아파 눈물이
흘러내렸다

반복된 감염으로
누워만 지내고 몸도 약하고 마음도 잃은
동생아

두려운 병원 생활 쉽지 않겠지만
나는 너로 인해 견뎌냈기에 기도한다
종일 장애인 활동사 보호 없이는 살 수 없는
회생의 돌봄으로 절박하게 구해주길 소망하며

기도로 평안히 힘을 내고
호수 같은
소망으로 기적을 기다려본다

이제는 다르게 살아보길
네 마음 소리 내어 보낸다
당당하게 살리라

## 바다에서

살아가면서
마음이 먹먹해질 때
사고 장애로 걸을 수 없는 동생 때문에 속상할 때
나는 푸른 바다로 달려간다
무작정

함께 가는 격포 가는 길
이 길에는 따뜻함이
아직은 살아있다
마음을 밝혀주는 희망도 있다

해결할 수 없는 곤란한 문제들이 동력을 잃고
어지러울 때…
결국 바다에 가면
물음표에서 쉼표로
나를 안아주고 다듬는다

요트 소리 들리고
부서지는 노을 햇살이

반겨주는 희망의 바다여!
생명의 바다여!

파도 소리 물결치는
그 생동으로 속앓이를
떠넘긴 채 흘러가게
넓은 바다는 감싸주고
일어서게 나를 품어 주었다

내 작은 가슴속에
큰 바다를 품어서
너의 희망 찾아 돌보고
나 자신에게도 조금 더 너그러워지고 싶다

격포 바다에서
내 안에 나를 비우고
내 마음 평온을 누리며
그 순간 행복이 꿈틀거리네

# 가을

지루하고 더웠던 여름이 지나가 버렸다

올여름은 무척이나 지치고 더워서
가을이 오길 기다렸다

어떻게 이겨냈는지
땀을 흘렸는지 잘은 모르지만…

그래도 당신이 있어
그저 앞만 보고 달려갔다
그리고 나는 빵을 먹었다

가을이 온다
맑은 하늘 고요한 시간 속에
의미 있는 삶을 살고 싶어

두 손을 모으고 기도를 한다
신선하고 제법 풍기는 가을이 손짓한다
열매로 유혹한다

이 가으내 지나간 여정의 삶을 돌아보며
거울 같은 모습으로
그리움과 기다림을 담아서
푸른 하늘 아래 호수 같은 마음으로 살고 싶다

가을이 다가오면
황금 물결처럼
좋은 하루 속에
감사로 문을 열고

감사로 상쾌한 마음 다독이며
기다림 속에
선선한 바람이 불면
귀한 만남 총총한 걸음으로

가을 햇살처럼
너에게 다가가고 싶다
여전히 가을이 오는가 보다

# 꿈 — 딸을 생각하며

나에겐 꿈이 있다
수년 동안 헤아리지 못한
마음의 울타리가 서너 개 있다

나는 아직도 꿈을 향해 기다리며 따라간다
그 꿈은 멀리 있는 것 같아 보였지만…

내 일생은 그 울타리 속에
버팀목으로 일어서려 한
마음속 얼굴을 꺼내 보면서 달려가 본다

어떤 날은 마음도 다리도 휘청거리지만
그의 얼굴을 마주할 수 없어
떠오르는 그리움에 울먹였다

세월이 비껴가는 둥그런 달빛 속에
그리움만 포개 놓고
오래된 마음 하나 걸음걸음 다가서는

끈 떨어진 연줄 하나
바람에 나부낀다
그래도 날아라 날아가리라
나에겐 꿈이 하나 있다

이제는 너가 소망처럼 품고 있는
알록달록한 긴 꿈과 사랑으로 살아가릴 바라
그러면 나는 가슴을 쓸어내린 채
따뜻함으로 안아보리라

넘치는 사랑으로
조물조물 빨래를 널며
청명히 손 내밀어 날아가리라
하나님의 손길로
너의 꿈을 펼쳐라

그 꿈이 나를 다독이기도 한다

## 그리운 딸에게

가을의 향기가 짙어가는
저 푸른 나무를 바라보다
딸 생각이 나서
그리움 적시며
잘해주지 못한 미안함에
그만 고개를 들지 못했다

어릴 적 세 살배기 가슴에
내게 안겨 웃음 짓던 그 얼굴
아직도 선명하다

질퍽한 그리움은
내 허리 위로 목마를 타고 햇살만 비춘 채
사라져 가는구나

눈에서 멀어지면
만날 수 없겠지
편지해도 답장이 없으면
나를 만날 마음에
준비가 되지 않았겠지

사람들은 더러
견디어 내라 말을 청했지만
그리움만 더 엄숙한 채

보고 싶다
보고 싶다

나도 사람이기에
딸을 붙들고 말았다

십오 년을 못 본
너를 생각하니
아빠는 펑펑 눈물만 쏟아내고 가슴 저리게

예쁜 딸에게
고마움 가득 담아
축복의 기도로 다가선다

# 가을이 가면

가을이 간다
가을이 타고 있다
저만치 가을이 가고 있다
밤하늘 떠 있는 달님도
가을은 소리 없이 지나간다

옛 추억 생각나
아무도 없는 텅 빈 운동장에서 달님에게
소원을 말하고 절절한 그리움 말하면
달님은 그냥 환한 얼굴로 나를 받아주고
꼭 안아 주었다

아직도 마음 아픈 이야기 뭉클한 보고픔
백 번의 미안함을
붙잡고 있는 것이
탄창을 울린다
날아가라

가을이 간다
낙엽 떨어지는 이 거리처럼
금세 바스락바스락 소리를 남긴 채 수많은 이야기 전한다
그리고 가을은 침묵한 채
뚝뚝 떨어진 향기로 연을 맺는다

가을이 간다
잊어버릴 수 없어
너의 추억을 담은 채
유연하게 꽃보다 더한 향기로 나를 돌아보게 하였다

그 가을밤 다시는
그 가을로 돌아갈 수 없어도 너를 기다린다
가을이 오고 가면
가을을 더 많이 탄다

## 어머니의 마음

어머니는 든든한 버팀목이었다
어릴 적 가난에 찌들어 홍역으로 생사가 오가는 그때도
십 리 길을 마다않고 희생했던 마음 빛이고 사랑이셨다

못난 자식에게 먹을 것 입을 것 챙겨주시고
말 없는 눈물을 흘리면서
평생을 농촌에서 같이 살아오신 어머니
밭 메고 논두렁에 나가 모를 심으며 넓은 집을 장만하셨다

그저, 온전하게 허리도 펴지 못한 채
자식 위해 건강하게 정성 다해 살아라 하면서
억척으로 정성으로 살아오셨던 나의 어머님

이제는 늙어 힘이 없으시다
그래도 손길 내미시는 어머니의 기도
이제는 알았습니다, 얼마나 소중한지
어머니의 일생에
산일지라도 바다일지라도 희망으로
한결같은 사랑이 되고 기쁨이 되고 싶습니다!

제5부

# 사랑의 꽃

## 사랑의 꽃

주님이시여
사랑의 꽃 피우게 하소서

넘어질 때
고난받을 때가 많았습니다
용서하소서

그때마다 주님께 간구하는
저의 작은 기도 사랑으로 인도하는
주님의 손길 감사했습니다

저는 나약합니다
견고하지 못하나이다
주님 사랑하게 하소서

할렐루야 찬송하며
이제는 기쁨으로 감사로
사랑을 전하게 하소서

주님이시여

주의 보혈로

주의 십자가로

주의 향기로 물들게 하여

하나님의 음성으로

주를 의지하면서

사랑의 꽃 피우게 하소서

나 이제

감사로 돌아가게 하옵소서

## 당신

어느 봄날 처음
김제역에서 내리는
청바지에 순수한 얼굴은
지금도 잊을 수 없는 설렘이었습니다

시간이 흐르고 세월은 가도
당신 얼굴처럼 나도 덜 늙어만 가고 싶습니다

사랑하는 당신이여
당신을 만나
긴 터널을 지나갈 수 있었고 당신의 손길에
변화되었던 지난 추억들을 돌이켜보니
내게는 큰 고마움이었습니다

하늘이 주셨습니다
이제 나이가 들어 중년이 되어버린 당신이여
지난 당신은 참 순수했고
벤치 위에 주렁주렁
달린 박같이 고왔던 얼굴과
하얀 속살은 여전히 남아 있습니다

순수한 얼굴 속에 피어난 꽃은
가슴속에 한결 숨겨둔 성장으로
당신으로 인해
가꾸어 가는 세월입니다

모진 풍파도 이겨낸
그 진실된 믿음의 속삭임으로
그 세월만큼…
이제는 가꾸고
가진 것 덜 해도 여유를 가지며
마음을 내려놓고
좋은 웃는 날이 많아지게
서로 살아갑시다

그러면 그러면
얼마나 좋을까요?
가족을 위해
헌신과 지혜로 분별하며 힘쓰는
내가 사랑하는 당신이여!

## 교정 이야기

교정의 은행나무 앞에 서면
아련히 스쳐가는 그리운 얼굴들

나는 안부를 전하고
노란 은행잎 떨어지는 길가를 서성거렸다

우뚝 서 있는 은행나무
수백 년 세월이 가도
햇살을 안고 고스란히
금빛 잎새 어르고 다독이며
그 형태로 남아 묵묵히
서서 별빛을 안은 채 잠이 들었다
작은 영역을 침범당하지 않았다

교정은 그때도 저리 말없이
황금빛 노란 은행잎을 품은 채 불타고 있었다
이 가을에 알알이 익어가는 열매처럼
살짝 두근두근 설렘으로 다가가리라

# 울 엄마

울 엄마는 지상의 꽃이었다
세월이 지나도 내 가슴속에 맴도는
메아리처럼 들려오는 사랑의 속삭임이었다
그 모진 풍파를 이겨내고 가난 속에서도
헌신으로 살아오셨던 어머니
뜨거운 손길이여

울 엄마
오늘도 밭에 가서
자식 줄 배추를 절이고 양념을 버무리면서
힘든 내색 않는 마음!
내 심금을 울립니다

언제나
내게 넓고 깊은 사랑 싹을 틔우면
가슴이 벅차 새 샘물이 솟습니다

오로지 내 손을 잡아주며
맹목 같은 고마운 사람이었다

# 늙은 호박

호박이 열렸다
햇빛에 오래 두어
늙은 호박이 되었다

나도 호박처럼
햇빛을 받으며
늙어갔으면 좋겠다

그 풍성한 작은 입맞춤
바람 불고 비가 와도
호박은 땅의 기운
받은 채 여러 모양을
내포한 채 자라난다

호박이 열렸다
넝쿨 사이로 둥글게
예쁘게 열리고
남몰래 유연하게 익어가고 있다

## 봄에 피는 꽃은

봄에 피는 꽃은
생명입니다

바람이 불고
꽃잎이 날려도
봄에 피는 꽃은
희망입니다

매화 산수유 진달래 목련 벚꽃 많은 꽃이
아름답게 피고 사라지지만
봄은 바쁜 삶 속에서 핀 민들레처럼
새로운 곳에 일상을 전하고
서로가 서로를 어울리는 고운 마음입니다

설레는 보배입니다

# 감사 기도

사랑의 주님
아침에 눈을 뜨면
하루도 감사할 수 있게 인도하옵소서
자주자주 보다
매일 감사하는 마음 허락하옵소서
감사할 일이 없을 때도 좋습니다
보통의 감사도 좋습니다
큰 감사가 아니어도 좋습니다
삶의 일상 속
반복된 감사가
기쁨이게 하옵시고 아무런 일 없는 것이
그저 큰 감사이게 하옵소서

주님
우리는 때때로
큰 감사 놀라운 감사를 추구하고 있습니다
나에게
하루하루 소박한 감사로
감사할 일이 좀처럼 없을지라도

감사를 드림으로써
더 감사와 기쁨과 편안함을 느끼며 사는 매일매일 되게끔
인도하시고 바라보게 하옵소서

주님
감사가 내 인생의
희망이게 하옵소서

## 주문진 항구에서

이른 아침 항구에
어선이 들어오면
활기가 넘친다

강릉 주문진 위판장
불빛이 환하게 비추고
어부들은 갓 잡아 올린
기름가자미와 도루묵
오징어를 올려 놓으면
사람들의 손길이 바빠진다

경매사들의 우렁찬 소리
손짓과 눈빛으로
거래가 시작되면
오동통한 오징어가
사람들을 기다리고 반긴다

항구에는 수시로 어선이 들어오고
동해 여러 바다에서
잡혀 온 많은 종류의
물고기들이 들어왔다

오늘
주문진 항구에
바닷바람
바다 내음을 품은
오징어의 고소한 맛이
더더욱 그립다

# 돼지국밥

삶이 허기진 날이면
돼지국밥집에 간다

꿀꿀거리며 살아온 파편들이
튀어나오는 시장통 귀퉁이
삐걱거리는 삶을 깔고 앉아
오천 원짜리 국밥 한 그릇을 먹는다

아웅다웅 머릿고기 한 점과
내장까지 삶아낸 육수
청양고추 한입 베어 물고
치열하게 살아온 날을 삼키다 보면
그리움마저 불러오는 넉넉함

휘휘 저은 막걸리 한 사발로
시름을 잊는다

낡은 의자만큼 여러 해
인정을 뿌렸을 면상 좋은 주인이

덤으로 주는 지짐이 몇 조각에
아직은 후덕한 세상이라고
디딜 때마다 끌고 다녔던
생의 허기를 채워주는

국밥 한 그릇에
미소는 살이 오른다

# 눈 내리는 날

눈이 오는 날 그대가 온다네요
버스를 타고 준비를 하고
눈도 많이 오는데 그대가
나를 보러 먼 길 온다네요
바람도 부는데 말입니다

하얀 눈꽃처럼
그대가 나를 생각하고
두근두근하며 오는 날
바람은 차고 구름을 안고
그대를 보았지요
그리고, 맨 처음 두 손을 따뜻하게 잡으며
안아 주었지요

# 추석 아침

어릴 적
설렘으로 추석에 일찍 일어났다

용돈, 맛난 음식, 선물, 온 가족 모임
그리고 하루 종일 괜시리 호주머니를
만지작거리며 지냈던 그 시절
부푼 기다림이었고
설렘이었다

그리고 오늘 다시 추석을 맞이했다
사는 게 낯설지만
오랜 얼굴 모여 아침밥을 먹는
그 모습 아직도 반가움이다

## 아버지 방에서

아버지 방에 누워 잠을 잔다
이십 년이 지난 방
혼자 누워 잠을 자보니 괜시리 눈물이 난다
오래된 라디오 옆에 두고서
하루 근무하고 하루는 쉬는 날에도
아버지는 빠짐없이 농사일도 같이 하셨다
매일, 새벽이면 일어나셨다
세월이 나이를 먹게 하고 늙게 만든다지만
아버지의 방에는 파릇한 향기가 난다

아버지가 잠을 청한 곳에서
나도 누워 아버지 냄새를 맡고
늙고 지친 사랑 하염없이 스민다

아버지 방에서
담배 냄새도 나지 않는 그곳엔
아버지 삶과 넘쳐흐르는
마음 한자리에 베개를 안고
고요히 잠들고 일어서고 싶다

# 천사의 집

천사들이 모여 산다는 건
기쁜 일이다

고사리 같은 손으로
차근차근 웃음으로 사랑 되는
얼굴을 보면 모두가 좋은 일이다

천사들이 밥을 먹고
그 안에는 어른이 있고 아이도 있었다
천사들이 서로 즐길 수 있는 건
아주 영광되는 일이다

나도 천사가 되어
그들과 하나 되어
참 동행이 하고 싶다

정말로
천사들을 본다는 건
자신을 아름답게 사랑하는 것이리라

# 천변 가는 길

맑은 물 내음 소리가
유유히 흐르는 천변을
그대가 안다는 것은
참 아름다운 일이지요

전주 한옥마을
도시의 빌딩을 잊은 채
천변을 따라 걸어보면
나도 모르게 자유로워져요

천변을 그대가 아는 것은
일상에 지친 당신에게 행복이지요

그 여름 나도 가고 그대도 가고 싶은 천변은
천년의 역사 속에도
사르륵사르륵 바람이 지나가고
호젓하게 안겨주네요

# 김제역

고향이 그리울 때면 김제역으로 와라

드넓은 지평선으로
그때, 개구쟁이 시절
그리움과 사랑을 싣고
어머니 품처럼 따스함이
남아있는 내 고향 김제로 와라

수많은 잎새들처럼
저마다 피로하고 기쁠 때
삶이 절망할 때면
매일 같은 시간에
들어오고 떠나는 내 고향에서
천천히 쉬었다 가려무나

기분 좋은 날
잊으려
잊으려 해도 내 고향은
너를 반겨주리라

# 여름비

뜨거운 태양이 이글거리더니
금세 비가 내린다
가난한 자에게
새 생명의 물줄기로
꽃비가 내린다

다시 비는 내리고 있겠지만
오늘 내리는 비는 이쁜 아가처럼
시름 앓던 농부
어디선가 비를 내려주길
간절히 소망하던 사람들에
기쁨으로 내린다

뜨겁게 더운 날 단비를
얼마나 기다렸는가?
금세 시원한 비가 하늘에서 내렸다
꽃비가 내린다

# 사람 마음

사람 마음은 다르다
네 마음도 다르고, 내 마음도 다르다
그치만
누가 내 마음을 알아주었으면 하곤 한다
서로를 맞추어 간다는 사람 마음
하늘을 보면서 두 눈을 바라보면서
사람 마음을 같이 하고 싶다
서로를 보고 싶은 마음이여
좀, 참아라 다시 그 길을 간다

사람 마음은 다 다르다
좋아하는 마음, 기다리는 마음
사람 마음은 다르지만
살면서 나도 다른 사람만큼만
같은 마음 길을 가고 싶어 편지를 넣는다
푸른 나무처럼 편안하고
내면의 향기를 품었으면 좋겠다
그래서 사는 게 재미있었으면 좋겠다

## 행복하던 추억

겨울이 되던 어느 날 아침
진해 천자봉에서 하얀 눈을 맞으며 바다를 보곤
산봉우리에 깃발을 펄럭이며 고향을 그리워했다

내 빨개진 얼굴은 희망으로 날리고
한때의 산새가 기쁨의 소리로
내 조용한 입술을 열었다

넓은 바다는 보고 싶은 소식도 없이
나를 몇 번이나 기다리게 하고…

진해 천자봉에서
아픔을 떨어뜨리고 사랑을 그리워하며
아침을 찾아야 했다

오늘도 천자봉에서 바라본 진해 항구
네 사랑을 싣고 내 행복을 싣고
뱃고동 울리며
오래 거기 남아 있었다

# 매화

텃밭 가장자리 피어난 매화
거기 손녀 생각나 가득 담은
손길이 있습니다

할머니 얼굴은 주름진 모습으로
누렁옷이 젖었을 때
거기 손녀의 정성스레 가득 담은
기도가 있습니다

강한 바람에도 흔들리지 않은
매화가 여전히 꽃을 피우면…

거기 손녀의 얼굴이
할머니 향해 성심으로 미소 짓고
있습니다

할머니도 예쁘게 손잡고 안아줍니다

# 복숭아꽃 핀 시골

봄이 지날 무렵
복숭아꽃이 핀다지요

그 어린 날
누이와 함께 걸었던 그 길
복숭아꽃은 질서정연하게
둥근 구멍에 거름을 주고 바닥에 오물을 부었지요
누이는 그 길을 가고 있었지요

붉은 치마를 입고 향기를 전하며…
복숭아꽃 핀 시골
바라보고
바라봐도
몽글몽글 피어오르는
그 길은

달빛 추억과
꿈이 묻어나는
아주 맑은 얼굴이었지요

# 봄날에

봄 햇살 가득한 어느 날
백옥 같은 소나무 한 그루가
시선을 사로잡았다

소나무 밑에는 도시에서
보기 드문 텃밭을 일구는 농부의
작은 땀방울 웃음을 자아내고 있다

바로 밑에는
곡식과 벌레를 쪼아 까치와 비둘기가
종알종알 소리를 낸다
까치를 보며, “좋은 소식이 온다던데…”

내 그리움은 벚꽃처럼 떨어지면서
떠오르는 이름들
“참, 좋은 시간이었어…”
그리고 까치와 비둘기가 한 쌍을 이루며
춤을 추며 날아만 갔다

# 봄비

전주 신시가지에도
봄비가 내린다
전국에서 내리는 봄비
이슬비는 촉촉이 내 마음 적시고 봄비가 내렸다

거리에는 저마다 색깔 있는 우산을 쓰고
걸어가는 여인이 아름답게 물감을 만들며
어디선가 봄이 오는 소리
검은 나뭇가지에도 생명이 움튼다
봄비가 내린다
봄비가 내리네

네 마음 깊은 곳에
쓸쓸히 파고드는 봄비는
이제 내 슬픔까지 한없이 흐르며
외로운 가슴에 사랑을 전했다

봄비가 내리네
진실되게 봄비가 내린다

# 나목

마른 나뭇가지 위에 달빛도 애린다
아무리
작은 바람이라도 흔들리며
새근거리다가
흐느끼다가
울부짖다가

싱그러이 숨 쉬던
노오란 잎새들은
새처럼 날아가고

한 줄기 햇빛만이라도 채우고 싶은
검은 속살을 드러낸 채
저녁 긴 강가에서
새벽을 기다리는
마른 나뭇가지들이
허공을 저어도 달빛이 에린다

## 김제역에서

우연히 서울로 가는 한 여인을
보았습니다

젊은 엄마는
애기를 안고 그 엄마는 또 엄마를 안고

딸이 행복 가득 코레일 열차가
떠나기 전까지 손을 흔들며 참사랑을 전했습니다

김제역에서 시골의 온기를 느끼고 가는
한 여인은 듬뿍 짐을 메고 떠나가는 모습이

그렇게 그렇게 네 가슴에
멜로디로 차근차근 안식을 주었나 봅니다

지극히 행복한 순간이었습니다

# 2월이 가기 전에

한 번쯤 사랑하는 사람을 만나고 싶습니다
돼지 뒷고기를 먹으면서 나도
그들에게 참사랑으로 전했습니다

2월이 가기 전
술잔이
부딪치는 그 소리는
새 희망이었고 결실되길
새롭게 진행해 보았습니다

2월이 가기 전에
나도 사랑하고
타인을 사랑할 줄 생각해 보았습니다

2월이 가기 전에
오랜만에 담소를 진실되게
전했던 그 시간들이
까무룩 고맙고 감사했습니다
그리고 이슬만큼 빈 잔을 가득 차게 마셨습니다

## 김제 가족사랑 요양병원에서

겨울바람이 부는 새해 일요일
아픈 남동생을 보러 가던 날
또다시 큰 꿈을 전한다

간절한 바람과 진실한 소망은
세월이 가도 이루어진다고
세월이 가도 희망 있다고 다짐하며 가는 날

어디선가 봄 햇살이 기다린다
다시, 한 번만 더 도전하라고
그리고 꼭 일어서라고…

김제 가족사랑 요양병원에 가보면
늘 그 자리 있는 것 같지만
부모님 사랑과 나도 그곳에서
자신의 목표를 되새겨 보았다
또다시 말이다
힘차게 떠오르는 붉은 해처럼…

# 탱자나무

추억의 탱자나무
별로 쳐다보지 않는
탱자나무를 바라보고 있었습니다

시골의 탱자나무 울타리
가시를 피해 노랗게 달린
둥근 탱자는 네 얼굴이었고
입술이었습니다

입술보다 깊은 향내가
내 마음으로 스며듭니다
그 사이로 호박 넝쿨이 가로지른
수줍은 호박, 앳된 호박으로
자라고 있습니다

탱자나무 아래서
탱자처럼…
참다운 동행이 되고 싶습니다

# 그 사람

세월의 흐름 속에
지금 그 사람은
나를 기억하고 있을까?

잊었겠지만 나는 그 사람을 기억합니다
오랜 세월의 시간에도
떠오르는 그 사람

멀리서 저만치서
보고 싶어도
만나고 싶어도
지금 그 사람은 나를 기억할까

그리워하면서 발길이 움직이지 않습니다
나는 그 사람을 생각합니다

설레는 마음으로
밤하늘 별을 보면서
아침에 눈을 뜨면

창밖의 햇살을 바라보며
가끔, 그 사람이 그리워
마음속으로 달려갑니다

지금 그 사람은 스쳐간
우연의 만남이었지만
나는 살아가는 동안 그 사람을
꼭 한 번 만나고 싶습니다

그 사람이 나를 기억하지 못할지라도
세월이 지나간
스쳐간 만남이라도
못 잊어 합니다

세월 속에 떠나가 버린
사람들이지만
옛성은 그리워지기 마련입니다

# 아리랑 문학마을에서

꽃피는 춘삼월 비가 온다

일제의 쌀 수탈에 맞서
민초들 애환을 담고 있는
김제시 죽산면 홍산리
아리랑 문학마을

그날 조국을 잃었지만
그분만의 삶이 노래가 되어
깊은 고난이 되었다

일제강점기
쌀과 토지를 빼앗겨야 했던
그분들 아픈 역사가
고스란히 담겨 있다

조국의 독립을 위한 끝없는 항쟁
하얼빈 역사로 묻어나고
그곳, 징게맹갱 너른 들 민족의 얼이 숨 쉰다

아리랑 문학마을에서
생명의 쌀이 남아 있는 곳
그분들의 생활 터전
두고두고 씻겨도 배고픔과 고단한 삶
얼마나 힘들었을까

새벽부터 비는 내리고
지평선에 해가 걸릴 때까지
얼룩진 한숨짓던 순간에도
의연히 일어선 푸른 영혼
나는 너무 가슴이 아파 울었다

# 회상

늦은 토요일 오후 노오란 엽서 한 장에 적힌
김제중앙초등학교 동기생 4월 19일 모임 알림장

잊힌 사십칠 년 전 지난 세월을 되찾게 한다
지나가 버린
가슴 터질 것 같은
셀 수 없는 추억들이 스멀스멀 머릿속에서 되새김질한다

가슴 남아있는 옛이야기 파도처럼 밀려와
시골집 아궁이 연기처럼
아롱아롱 피어난다

# 그리움이 지나면

만남이고 보고픔입니다

삶은 언제나 그리움 속에
둘이서 떠나는 여행길인가 봅니다

나도 가끔씩
가끔은
누군가 이유 없이 보고플 때가 있습니다

# 들깨 타작하던 날

이른 아침 이슬이 채 가시기 전
어머니는 오늘도 유모차에 기대어
밭을 향하셨다

팔십이 넘은 나이 시골에선 누구나 보는 풍경이지만
숙인 허리를 구부린 채
걸어가는 어머니 마음이 바람에 산들산들
가슴을 품는다

세상사 사는 게 그뿐이던가?
언젠가 나는 기억했다
울 엄마께 작은 별이 되겠노라고
아직도 끝나지 않는 나의 깊은 속내는
오늘따라 방전되어 허리가 쑤신다

들깨 타작하던 날
이제는 늙어버린 어머니 가슴에도
몸뚱어리에도 병이 들었나 보다

세상사 그 누구가 어머니 사랑 앞에 용서받지 못한 것이
무엇일까!
차곡차곡 열근 들깨를 한없이 방망이에 몸을 맡기며
타작하던 날…
비로소, 나도 엄마고 어머니도
내가 되었음을 알았다

들깨 타작하던 날
수없이 두드리는 그 손마디가
세상에서 바꿀 수 없는 어머니의 눈물이었다
사랑이었다
그리고 햇살은 구름을 등지고
작은 농부의 얼굴에 지친 몸에도 다시금,
일어서라 손짓한다

# 김제 기차여행

청명한 가을 하늘이 나를 반기고
땅에서는 풍성한 열매가 탐스럽다

오랜만에 가는 길
기차는 도착하고 출발한다
혼자만의 시간 속에서
더러는 옆자리에 여인의 향기
포근감이 옛 추억을 생각하게 한다

나는, 참 복 있는 사람인가 보다
기차는 어느덧 소리로써
도착을 알리고 소리로써 가슴에 품고
또 출발을 알린다

기차여행에서
살아갈 날이 적은 내게 소원을 전했다
살금살금 스쳐가는 많은 갈색 풍경을 바라보면서
나도 원활한 진행으로 유유히 가보고 싶었다
열차는 달린다

# 겨울 숲에서

겨울 숲을 혼자 걸었어요 솟대처럼 서 있는 나무들 사이로
길을 따라 느릿느릿 걸었어요

가끔 찬바람 속에 마른 이파리들 돌아눕는 소리뿐이었어요
나는 그대에게 가는 길을 찾고 있는 중이었어요

자주 만나던 사람들은 원하면 쉽게 만날 수 있지만
길이 열려 있지 않은 사람들은
길을 만드는 일부터 쉽지 않았어요

겨울 숲을 나와 보니 알겠어요
숲속은 쓸쓸하고 적막했지만
마른 이파리들의 편안한 집이라는 걸…

그대에게 가는 길도 그러하리라 생각해요
그대에게 가는 길을 찾고 있는 동안 나는 충분히 따뜻했고
품 안으로 안겨보네요

# 수변공원에서

김제시 검산동 한자리에 있는 수변공원을 걸었네
그것도 둘이서
색소폰 소리가 감미롭게 들리고
음악 소리는 바람을 타고 별도 반겨주었네

가을에
저녁 불빛이 소소하게 비추는
그 시간 속에 둘이서 걸었네

고운 손을 잡고 갈대숲을 지나
작은 둘레길을 걷노라면
또 강물 속에 흐르는 분수대가 물안개 되어
하늘을 향해 힘차게 뿌려주었네

가을에
당신의 두 손이 아름답네
당신의 맑은 웃음 좋아 보였네
그리고. 참 좋다
순전하게 말해 버렸네

## 해남 가는 길

처음으로
광주에서 1시간 40분
버스에 몸을 실었습니다
구수한 사투리가
소박한 우리네 모습으로
잔잔한 호수처럼
반겨줍니다
설렘 둘 싣고
그리움 하나 안고 가는 길

해남에는
땅끝 전망대서 보이는
멀리 신비의 바닷길
두륜산 천혜 자연이
내 안에 오래도록
맑은 해변처럼
비우게 했습니다

# 가을 여행

우리나라 최고의 명소
내장산 가는 길

즐거움이 넘친다
숨겨진 산맥을 둘러싼
천혜의 명산

그 가을에도 찬란한
오색 단풍으로 절정을 이루며
저마다 색동옷 입고
사람들이 넘쳐나고
붉게 물들여진다

내장산에서
단풍이 꽃잎보다
주변을 둘러싸고
가을 햇살이 부드럽게
스며들고 불타오른다

우화정 호수에 곱게 물든
단풍나무들이 주변을
맴돌면 잔잔한 호수는
살포시 물 위에 투영되고

물소리 새소리 바람소리는
은은한 화려함으로
예쁘게 반겨주었다

내장산 앞에서 거룩하게
둥글둥글 첫사랑처럼
내 마음도 곱게 채색되어 깊어만 간다

# 새만금 항

동서 3교를 지나보니
바다 사이로 갈대가 춤을 추며 넘실거린다

바다를 바라보니
파도가 돌담 사이로 오색 물결 수놓듯이
겨울 햇살을 반겨한다

바다는 말이 없고
저 멀리 떠 있는 섬은 조용한 침묵으로
지난 추억들을 연상게 한다
그리고 포근한 손길로
늘 그랬듯이 평온을 주며 찬란한 은빛 물결로 속삭인다

갈매기가 떼를 지으며
항을 향하여 보금자리로 날개를 펼치며 날아가는
그곳 새만금에서
바다의 향기에 취해보리라

# 구룡폭포

아홉 마리 용이 승천했다는
구룡폭포에서 햇살 받은 물결이 반짝반짝였다

바다보다 파도보다 더 맑은 흐름으로
나의 눈을 황홀하게 한다

여행객들은
자연의 웅장함 앞에서 사진을 찍고
여유로운 사랑을 속삭이고
숲길을 거닐고 있었다

구룡폭포에서는
천둥소리보다 세찬 물줄기가 두고두고
그리운 사람 생각나게 하고

인고의 세월 견뎌낸 지리산은
내 인생에 파란 신호등으로 향긋한
미소를 건네고 새벽 안개 속으로 지나갔다

# 성산문화광장

푸른 잎새 사이로
김제 성산 향교 마당
올해로 열 번째 열린다

두루두루 문화의 거리
찬란한 문화가 살아있구나

파란 하늘에는 흰 구름
두둥실 나무같이 포근하다

김제의 꽃 성산에도
가려진 아련한 옛 추억을
담고 한울타리가 되어
매화꽃처럼 화사하게
피어 닿으리라

# 울타리

자식에게
부모는 울타리만 쳐주면 되는 줄 알았다
그러나
마음을 주지 못했다
가족의 쓰라린 단절로
상처만 준 채 시간만 지나가 버렸다

후회가 산을 넘고 바다를 건는다
누구라도 아쉬움이 왜 없겠는가
나는 언제쯤 등대의 불을 밝히며 살아갈까
이제 상처를 딛고, 손을 내밀고 싶다

되돌아보지 않고
울타리 너머 산으로 가고
그 슬픔을 따스하게
감싸주는 비를 맞는다
희망의 노래 속에
내일을 품에 안았다

# 마음의 일기

길 위에 너와 내가 있다
가진 것 덜해도
마음이 따뜻한
사람이 되고 싶다

외로운 이에게
따뜻한 포옹을 해주고 싶다
애절한 이에게
옷 한벌 선물하고 싶다

만나는 사람마다
인사를 건네며
그렇게 산다는 것은
욕심내지 않는 사람이다

내 마음에
은빛메아리로
가진것 많이 없어도
첫마음으로

맑은 마음으로
네 눈이 머무는 길 위에서
도란도란 더 당당하게
마음에 사랑을 담고 싶은
소망이다

그 고움으로 새로이 시작하는 사랑을 나누며
소소한 포옹의 선물이고 싶다

# 새로운 길

인천항 연안부두에서 쾌속선에 몸을 실었다

젊은 시절 바다가 있고
섬이 있는 연평도
참수리 고속정을 타면서
처음으로 외로움과 싸웠다

서해 최북단 경계선
보초를 서고 수시로 출동 명령 떨어지면
호들갑 장전을 하면서
두 눈을 응시하였다

바다는 세찬 물살 가르고
나라를 지킨다는
자부심으로 견디고
희망찬 출발로 일어서게 하였다

새로운 길 저 바다 위에
던지며 바다 사나이가 되었다

세월이 흘렀어도
뜨거운 심장으로
기도했던 그 선명한
기억들은 나를 일으켜 세웠다

서해 바다에서
삼십오 년 지난 연평도
지금도 훈련 중이다

그 와중에도
사람들은 고기를 잡으러
만선의 꿈 기원하며
엔진을 돌려 연기 배출한다

가도 가도 끝없는 망망대해
새로운 길 다시 가고 싶어
활기차게 출항을 하였다

바다는 이전보다 더 푸르게 붙잡고
새로운 길 유유히 넓게 품어주었다

## 사랑의 주님

내 작은 가슴에
원망보다 화해로써
살게 하소서

층층이 쌓였던 가족들의 미움을
진정으로 회개하여
용서하여 주소서

이제는 나를
사랑으로 보듬어 서로 기쁨을
가져오는 자 되게 하소서

사랑의 주님
소금으로 살게 하소서

많은 빛보다
맛깔나는 소금처럼, 썩지 않는 소금으로
살게 하소서

내 마음을 치유하고
감사로 살게 하소서

남을 의식하지 않고
작고 소소한 생활도 감사로 표현하게
살게 하소서

나의 주님
주님을 의지하고
날마다 말씀의 은혜 속에
기도로 살게 하소서

주님 감사로
일어서고 승리하게
살게 하소서

사랑의 주님
만군의 하나님이시여
도와주세요

# 꽃길만 걸어요

— 강인철

내가 살아가는 동안
평생 유튜브에서 볼 수 있는
엄마를 치료해 주었던 고마운 사연의 방송※
절박한 심정으로
이루어낸 보배였습니다

누구나
부모에게 정성 다해
효도하고 싶었던
그 기억들은 오늘도
다시 꺼내보는 추억처럼 고마운 사랑 잊을 수 없습니다

평생을 시골에서 논을
일구고 자식 위해 정직으로

살아오셨던

존경했던 아버지!

가슴에도 기쁨으로 전했던

포근한 사랑이었습니다

이제 아버지는 떠나고

엄마만 큰 집에서

때로는 적막함 속에

그리워하고

혼자서 살아가시지만…

자주 웃으며 살으라는

아버지의 귀한 말씀

늘 마음속에 살아서

우리를 바라봅니다

그때 나는 성말 행복했고

오래 생각날 것 같습니다

※유튜브 검색어; 〈꽃길만 걸어요 25회〉

_채널A 방영 영상

## 편집자의 글

간절한 인생에는 기도가 있다.
외롭고, 슬프고, 병이 있는 인생은 갈급하다.
김제에 사는 강인철 씨에게는 기도가 있다.
그에게 시[詩]는 하늘을 향한, 세상을 향한 간절한 기도이다.
그는 교회 집사이기도 하다.
할매 국밥, 시장 국밥, 돼지 국밥도 기도이다.
그에겐 소울푸드이기 때문이다.
먹고 힘내서 인생을 헤쳐나게 하는 음식.

가족 향한 사랑도 그에게는 살아갈 힘의 원천이다.

그래서 그의 시에는 아버지, 어머지, 동생 그리고 아내와 자녀가 자주 등장한다. 그래서 책 타이틀도 『사랑의 꽃』이다.

사랑 없이 험한 인생을 어떻게 살아낼 수 있냐는 게 그의 기본 시론. 시절에 만나게 되는 아름다운 자연, 위안이 되는 자연도 빼놓을 수 없다.

고통받고 외롭고 쓰라린 인생이 있다면, 모두모두가 강인철 작가의 시를 통해 위로를 얻었으면 하는 바람이 있다.

우현